EUROPEAN LANGUAGE INSTITUTE

Gioca con Albert di Tiziana Tonni e Joy Olivier

Illustrazioni di Giorgio Di Vita

© 1996 - **ELI** s.r.l. - European Language Institute
Casella Postale 6 - Recanati - Italia

È assolutamente vietata la riproduzione totale o parziale di questa pubblicazione, così come la sua trasmissione sotto qualsiasi forma e con qualunque mezzo, anche attraverso fotocopie, senza l'autorizzazione della casa editrice ELI.

ISBN   88 - 8148 - 062 - X

Stampato in Italia dalla Tecnostampa   00.83.152.0

Osserva le vignette e scrivi le differenze.
Leggi nelle caselle grigie il nome di un animale bianco e nero.

QUESTO È TOBI!

IL CANE

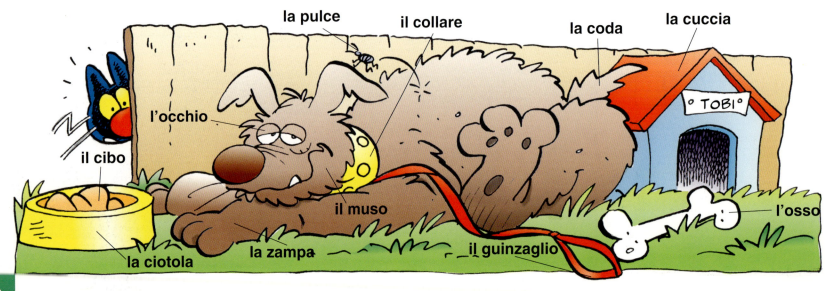

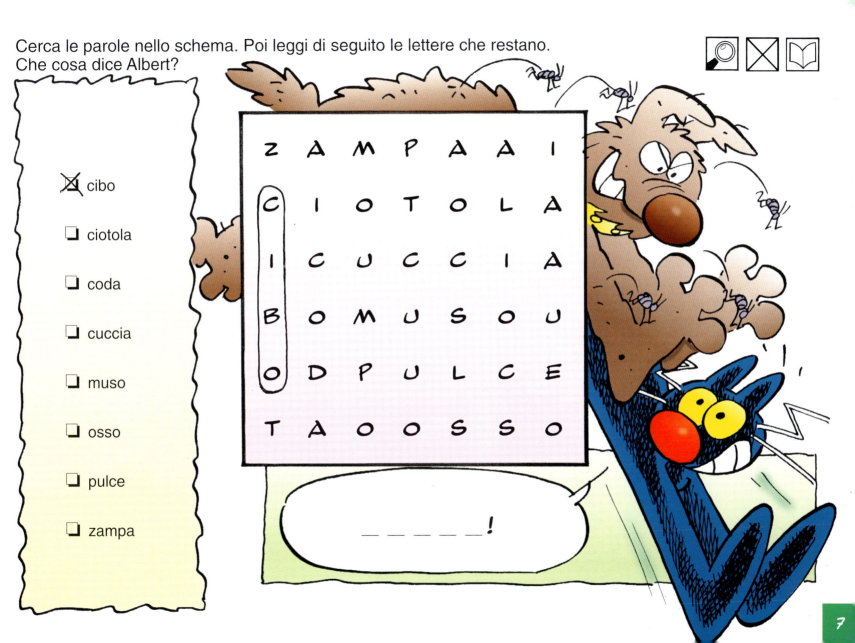

IL NASO

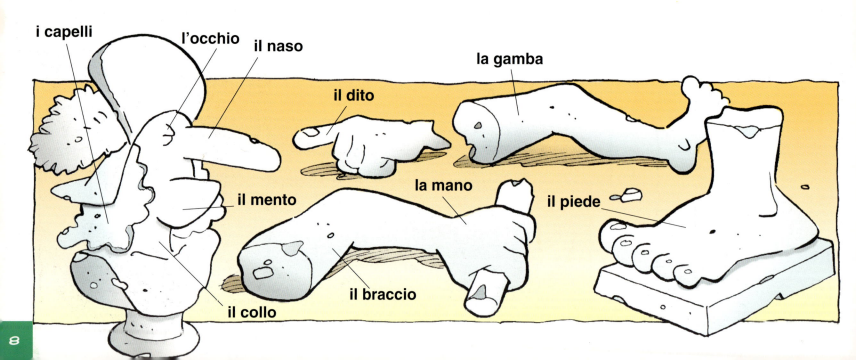

Codice segreto. Sostituisci ad ogni simbolo una lettera. Leggi il messaggio.

COLORI!

Mostra d'arte

Questo l'ho dipinto ieri mattina!

Questo a mezzogiorno!

E questo tutto nero... a mezzanotte!

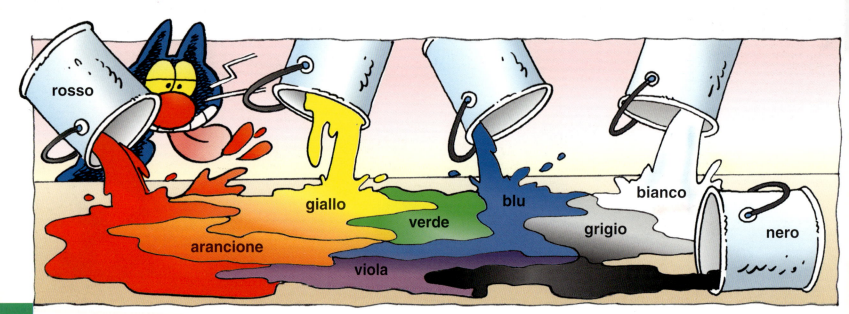

rosso — arancione — giallo — verde — viola — blu — grigio — bianco — nero

Colora solo gli spazi con i nomi dei colori. Che cos'è?

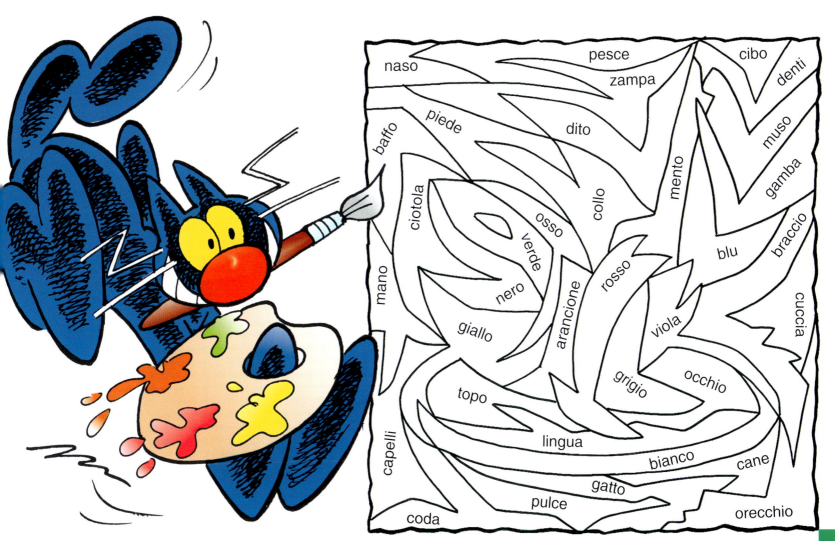

I NUMERI

Unisci i punti da 1 a 20 e scopri dove dorme Tobi.

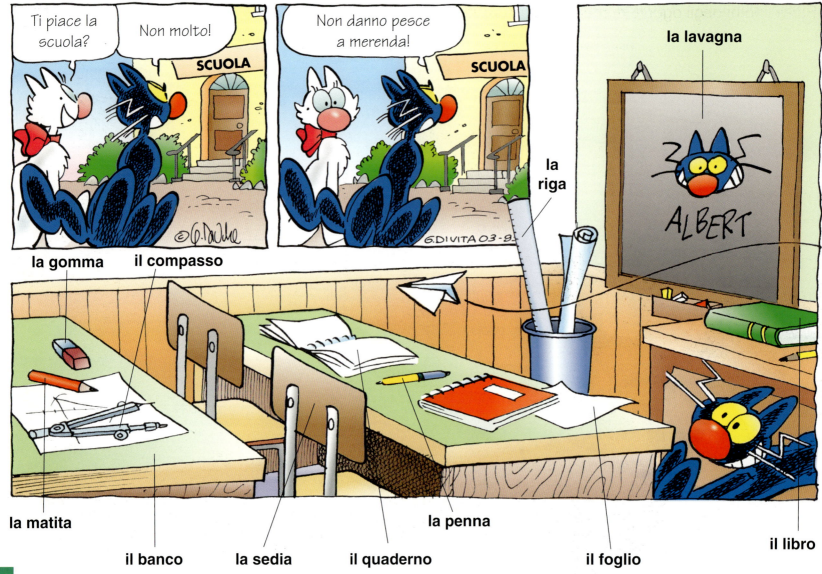

Scrivi i nomi degli oggetti numerati nello schema.

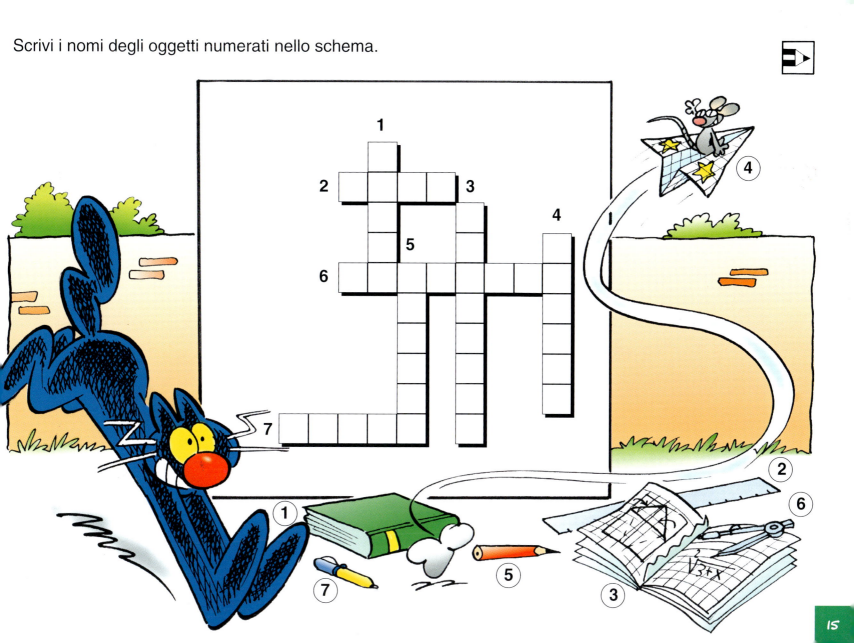

Sostituisci ad ogni simbolo una lettera. Che cosa dice Albert?

È NATALE!

Parti dal "VIA!", passa di giocattolo in giocattolo e cerca di entrare nel camino.

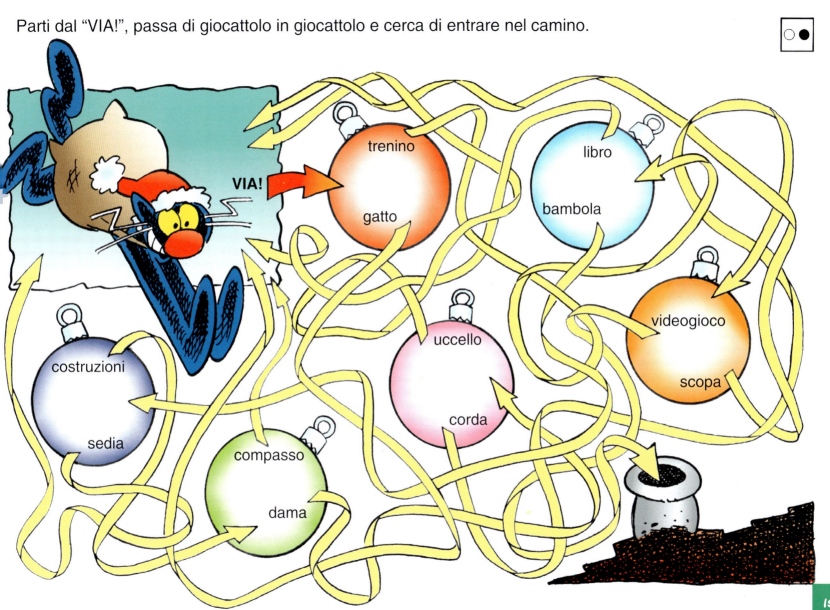

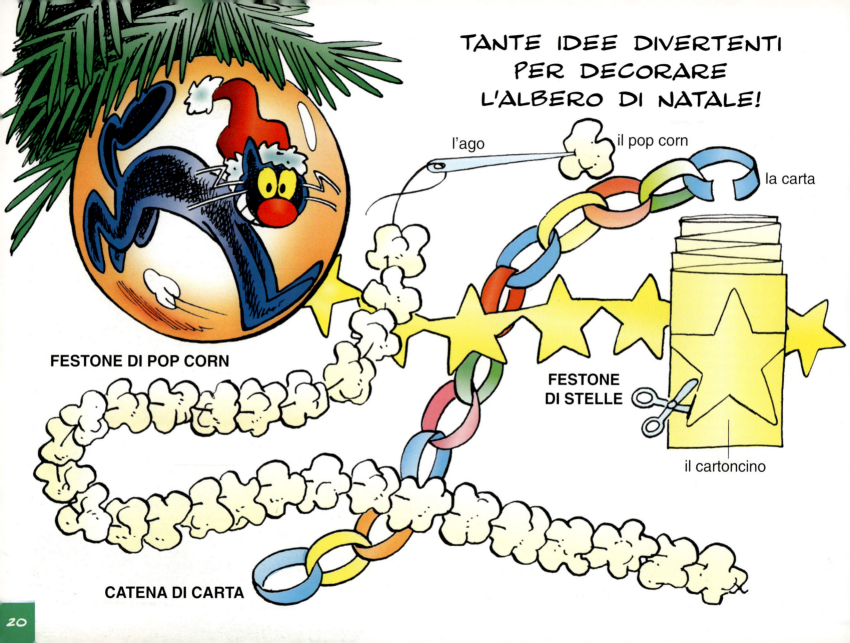

ALBERT DI PANE

PICCOLE MELE ROSSE

FAI COSÌ:

la farina — l'acqua — il sale

Cuoci in forno per circa 30 minuti

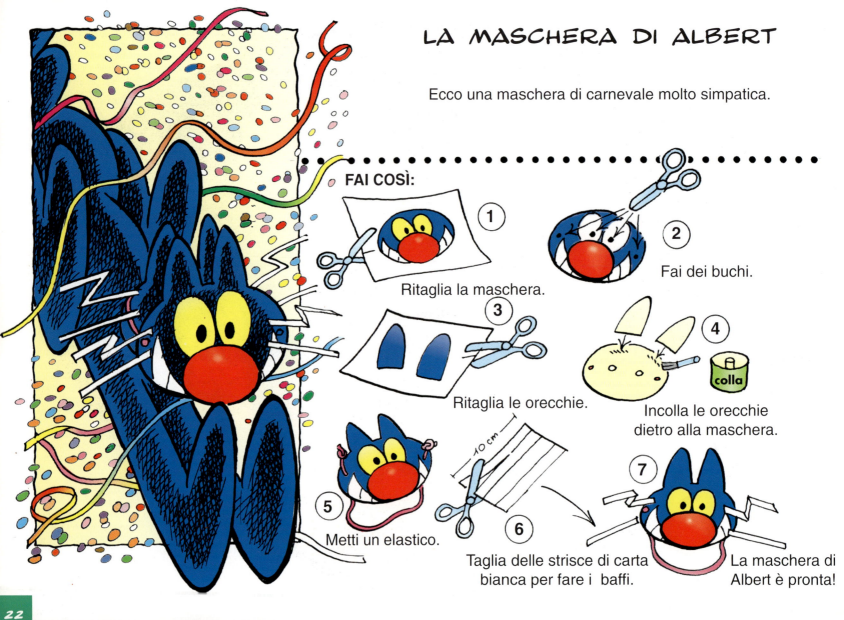

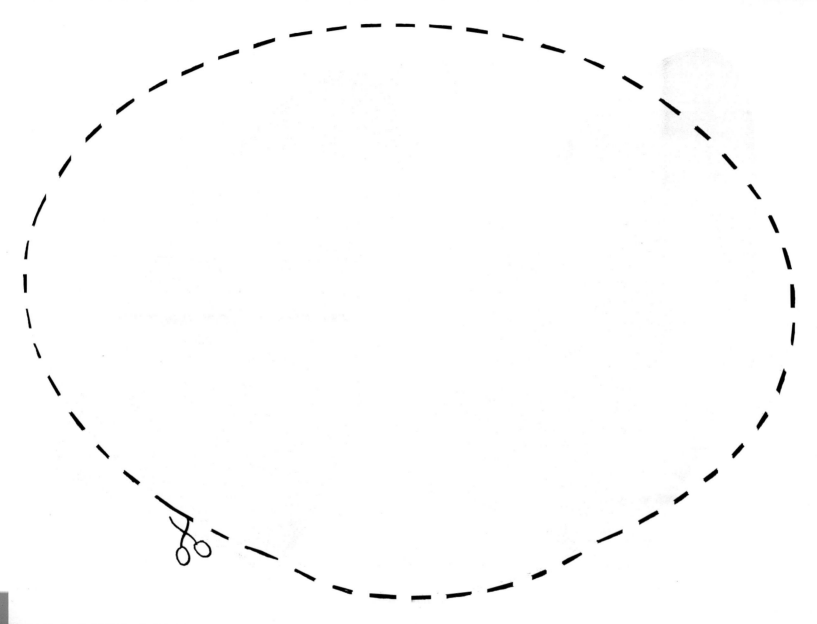

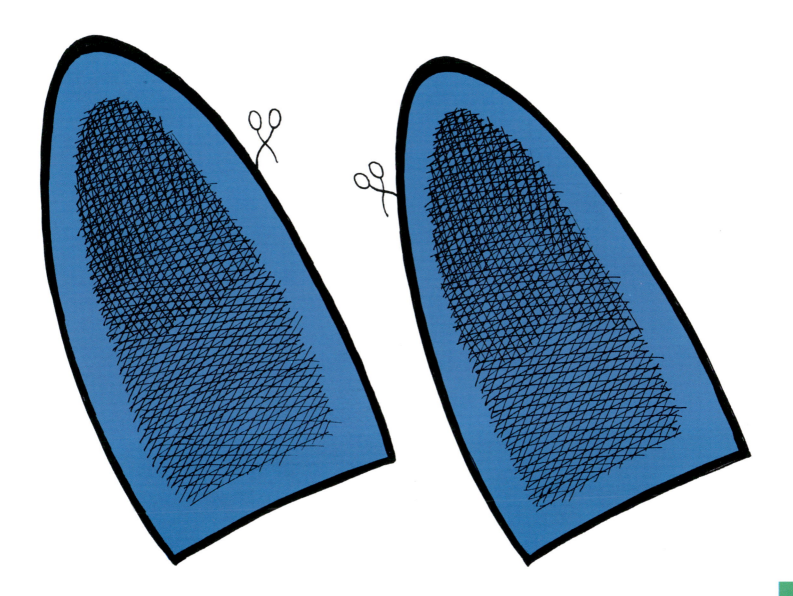

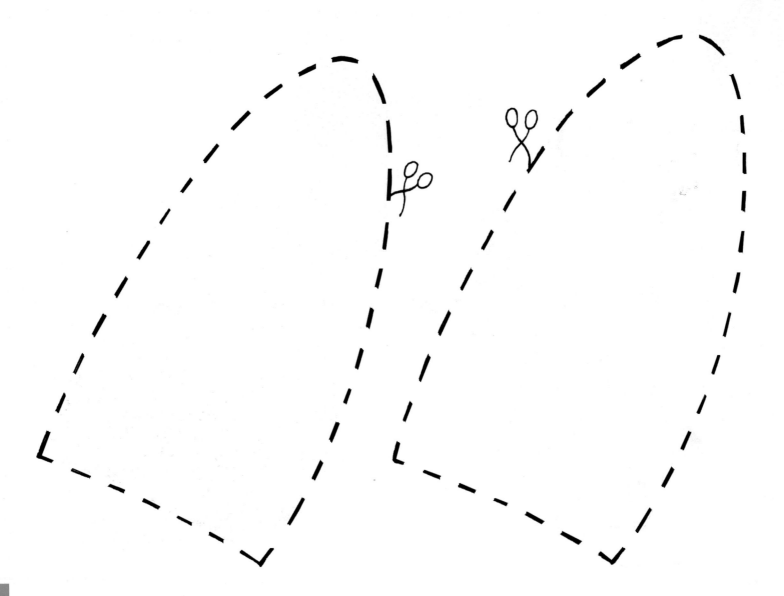

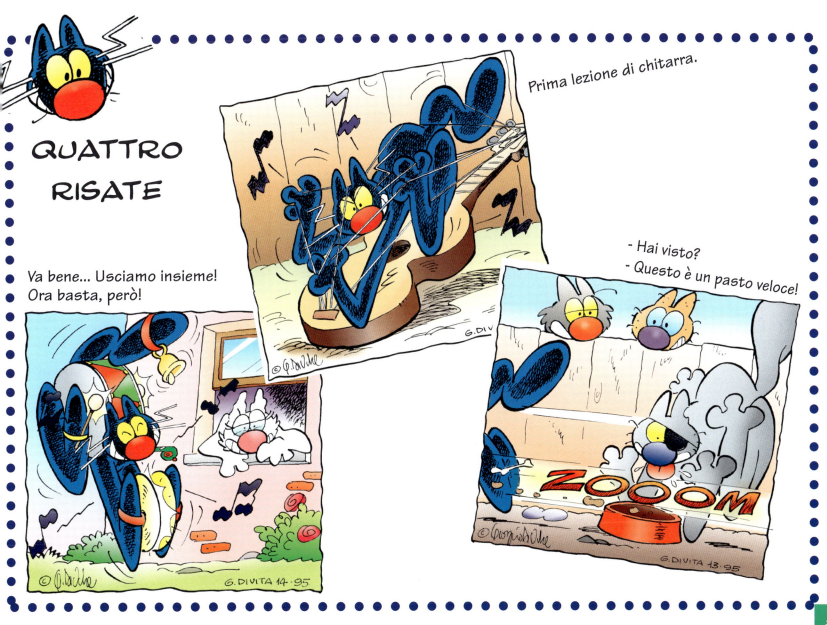

IL COMPLEANNO

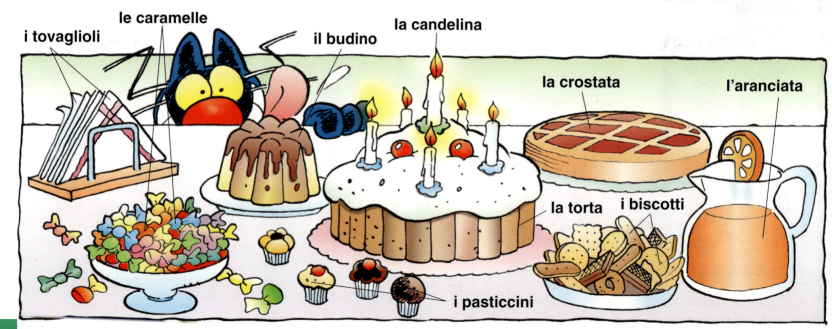

Cerca le parole nello schema. Poi leggi di seguito le lettere che restano.
Che cosa pensa Albert?

```
P A S T I C C I N I
B R F O B U D I N O
I A E V T O R T A C
S N S A B A F F O H
C C T G A T T O E B
O I O L L I N G U A
T A N I N O I E L L
T T I O C A R T A A
I A T L Z A M P A O
R T A I O C C H I O
```

- ❏ aranciata
- ❏ baffo
- ❏ biscotti
- ❏ budino
- ❏ carta
- ❏ festoni
- ❏ gatto
- ❏ lingua
- ❏ noi
- ❏ occhio
- ❏ pasticcini
- ❏ torta
- ❏ tovaglioli
- ❏ zampa

29

LA FAMIGLIA

Ad ogni pezzo di staccionata corrispondono una o più lettere.
Metti i pezzi nell'ordine giusto e leggi il messaggio.

LA CASA

Nelle vignette ci sono 5 differenze. Quali?

AGENZIA IMMOBILIARE

Ricomponi il puzzle e leggi il messaggio.

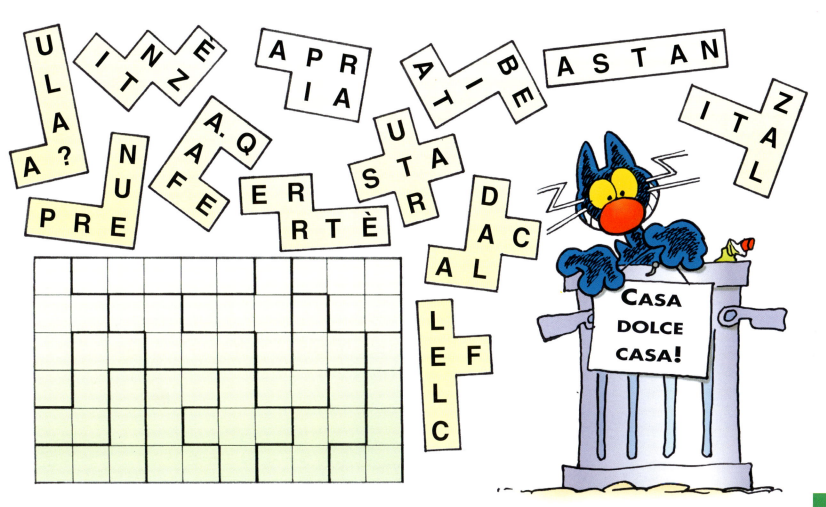

IN CUCINA

Scrivi i nomi degli oggetti numerati nello schema.
Leggi, nelle caselle grigie, che cosa c'è nella pentola.

IL CIBO

Ricomponi il puzzle e leggi il messaggio.

LA FRUTTA

Scrivi i nomi dei frutti nello schema. Poi scrivi le lettere delle caselle grigie nelle caselle numerate. Scopri il cibo preferito di Albert.

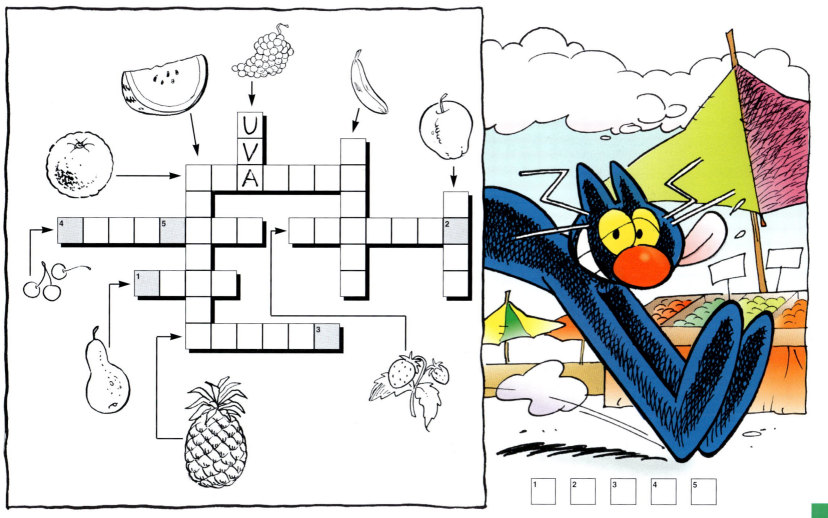

IN CITTÀ

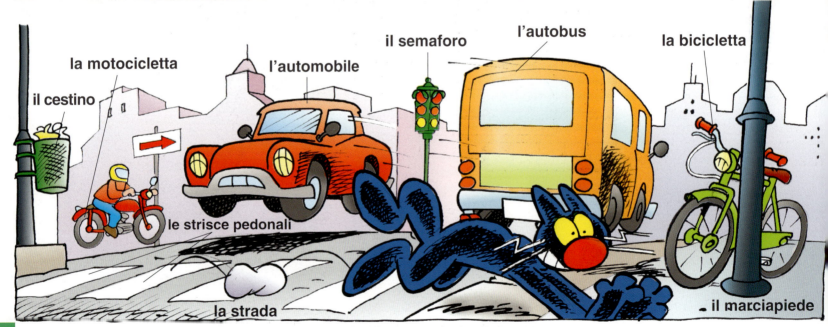

Unisci le lettere nel modo giusto e completa il messaggio.

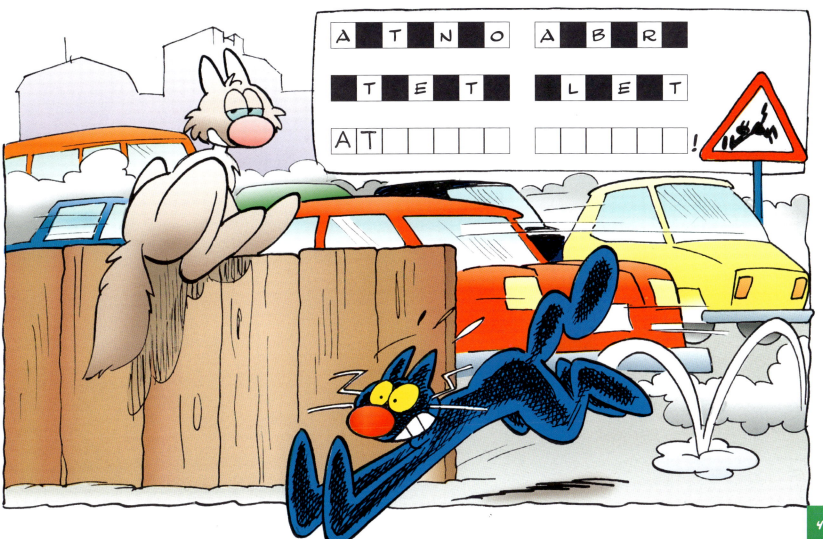

LA FATTORIA

Chi spaventa Albert? Colora solo gli spazi con i nomi di animali e lo saprai.

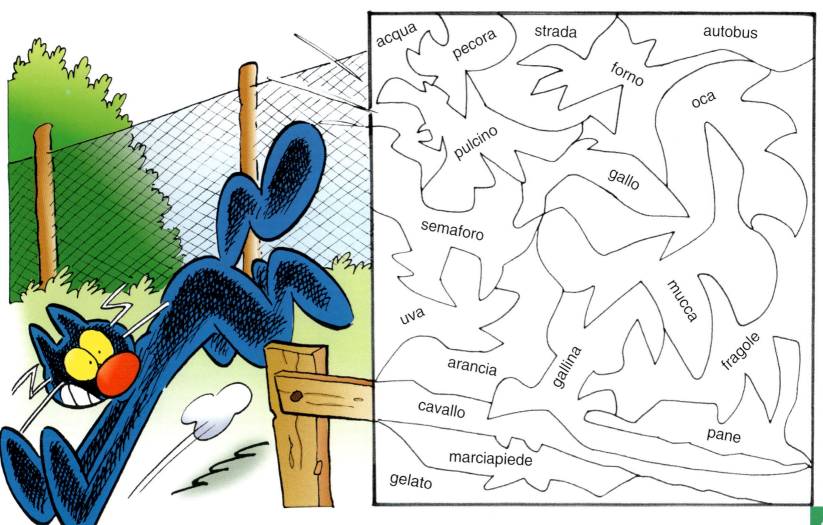

GLI ANIMALI

Scrivi i nomi degli animali che formano il "mostro".

....

....

....

....

LE AZIONI

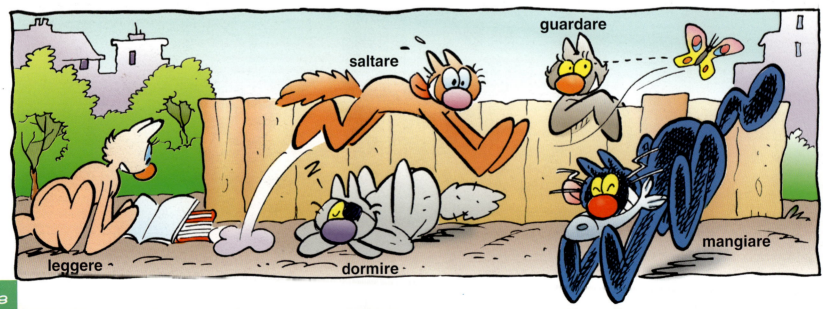

Cancella i verbi nello schema.
Le parole restanti completano il messaggio di Albert.

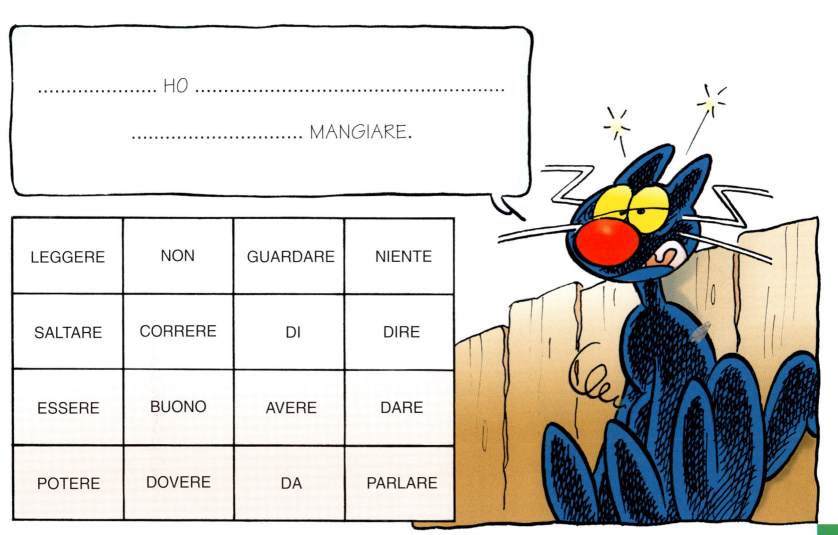

.... HO ....

.... MANGIARE.

LEGGERE	NON	GUARDARE	NIENTE
SALTARE	CORRERE	DI	DIRE
ESSERE	BUONO	AVERE	DARE
POTERE	DOVERE	DA	PARLARE

CHE ORA È?

sono le undici e un quarto   **sono le undici e mezzo**   **sono le undici e tre quarti**   **è mezzogiorno**

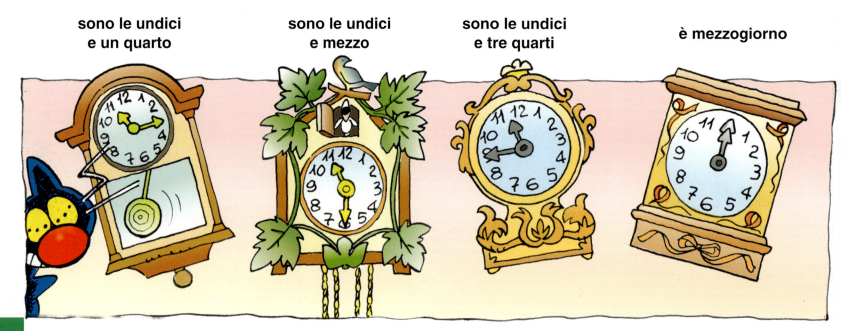

Codice segreto. Sostituisci ad ogni simbolo una lettera. Leggi che cosa dice Albert.

GIOCHI

Quanti sono? Scrivilo nello schema.

1. Le dita della mano.
2. I giorni della settimana.
3. I mesi dell'anno.
4. Le stagioni.
5. Gli occhi.

In ogni serie di lettere è nascosto un animale. Trovalo!

1. G T I P R Q A M F N F C A I
   _ _ _ _ _ _ _

2. E L Z E Y F A K N R T E
   _ _ _ _ _ _

3. S I T R N U P Z Z Q I O
   _ _ _ _ _ _

Unisci i gruppi di lettere nel modo giusto e forma quattro parole.

MON   SCE   PA
BA   TAGNA
NANA   SCAR   PE

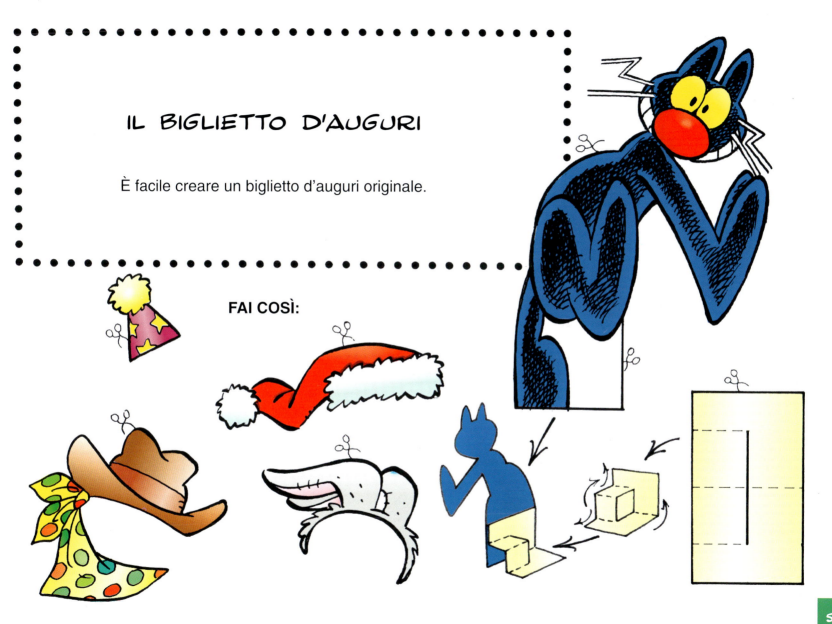

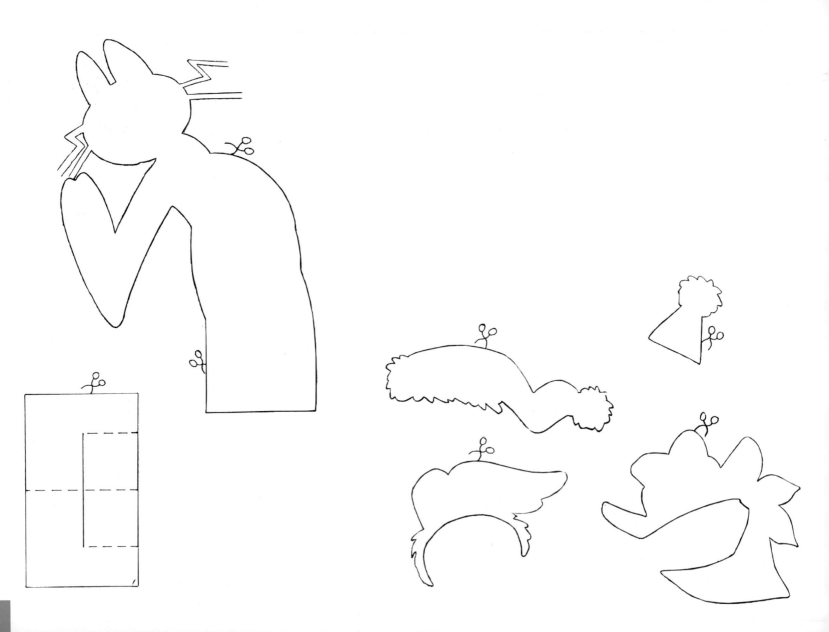

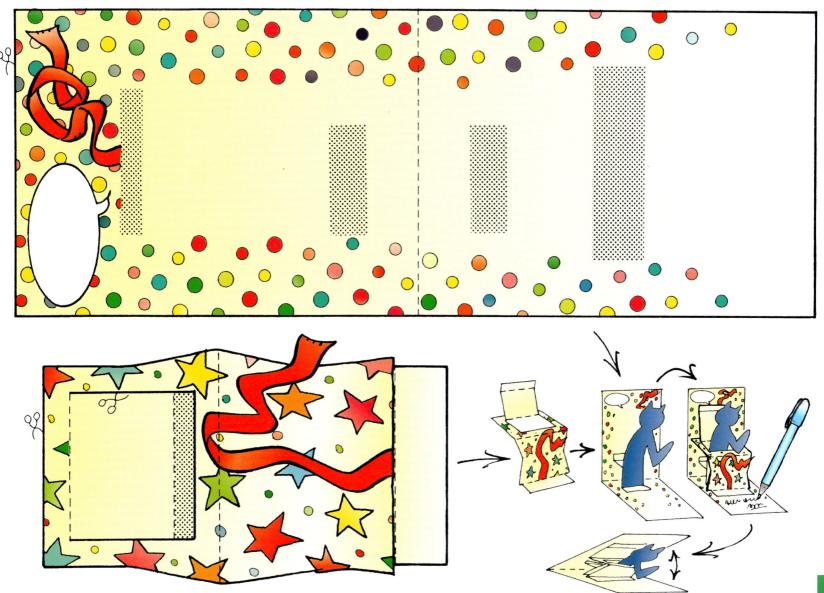

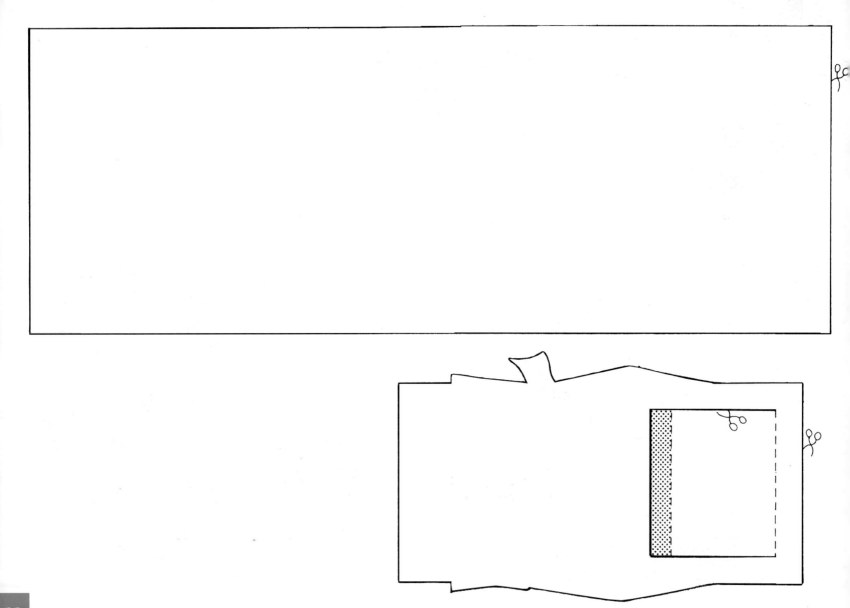

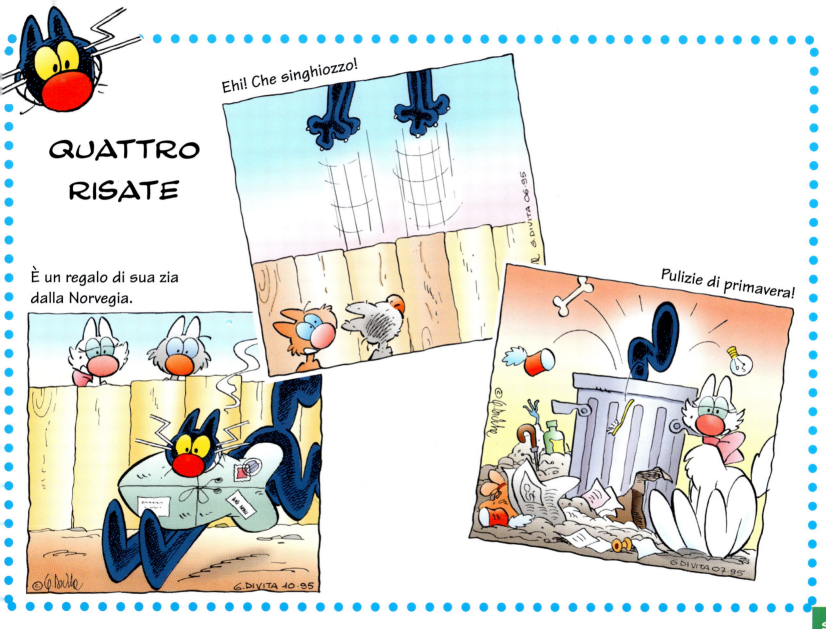

IL GIOCO DELLA CODA

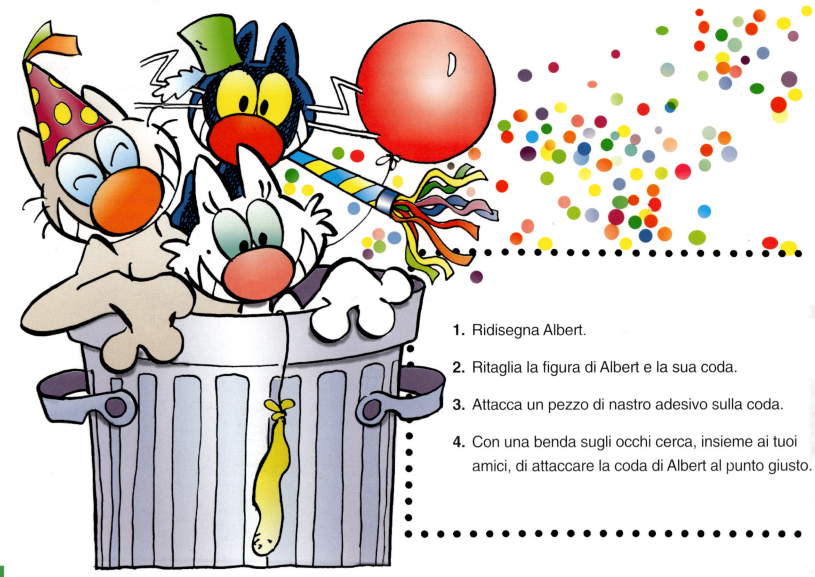

1. Ridisegna Albert.

2. Ritaglia la figura di Albert e la sua coda.

3. Attacca un pezzo di nastro adesivo sulla coda.

4. Con una benda sugli occhi cerca, insieme ai tuoi amici, di attaccare la coda di Albert al punto giusto.

DOVE SONO?

Cerca le parole giuste negli schemi e completa le frasi.

Il cane è

☐☐☐☐☐☐☐

alla staccionata.

D	O	A	P
I	E	N	V
Z	S	T	O
T	R	O	S

Il topo è

☐☐☐☐☐☐

al bidone.

P	D	E	S
N	N	T	S
R	I	R	F
O	Q	Z	O

Il bidone è

☐☐☐☐☐☐☐

alla staccionata.

D	A	P	V
V	E	A	R
N	A	S	Q
T	I	O	P

Albert è

☐☐☐☐☐☐

al bidone.

V	I	B	N
C	A	N	I
M	I	N	O
O	E	U	G

61

AL MERCATO

Cerca le parole nello schema. Poi leggi di seguito le lettere che restano.
Che cosa dice Albert?

```
C A P P E L L O G C
A S C A R P E E I A
M A G L I O N E A L
I S T I V A L I C Z
C R A V A T T A C I
I V E S T I T O A N
A V E S T I R S I I
P A N T A L O N I H
I E T R O G O N N A
P P O S T R E T T O
```

❏ calzini ❏ maglione
❏ camicia ❏ pantaloni
❏ cappello ❏ scarpe
❏ cravatta ❏ stivali
❏ giacca ❏ vestirsi
❏ gonna ❏ vestito

_ _ _ _ ! _ _ _ _ _ _ _ _ _ _ _ _ _ _ !

LA PIOGGIA

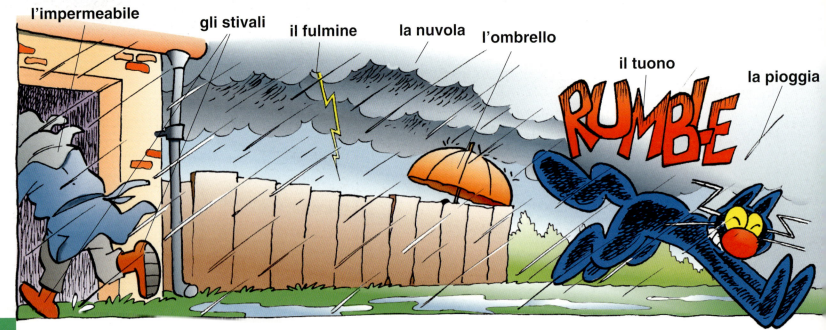

Scrivi le parole nello schema. Leggi, nelle caselle grigie, di che cosa ha bisogno Albert.

LA NOTTE

- la stella
- la stella cadente
- la luna
- il pipistrello
- il faro
- la luce
- il gufo
- il lampione

Codice segreto. Sostituisci ad ogni simbolo una lettera. Che cosa dice Albert?

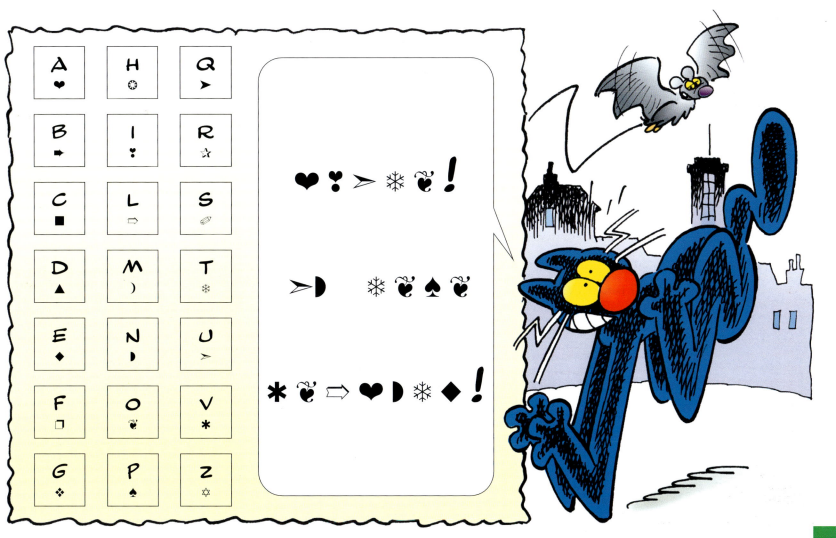

IL PICNIC

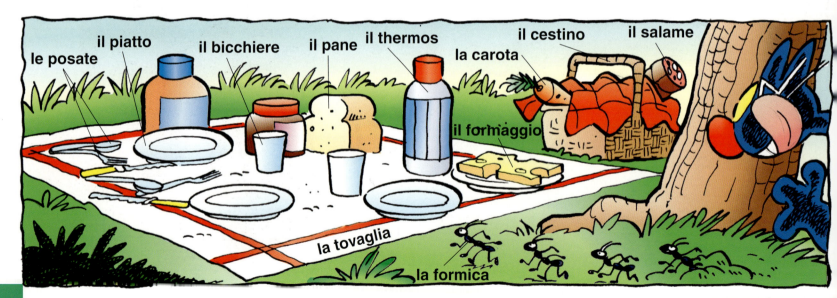

Inizia dal "VIA", segui le frecce per arrivare al cestino. Che cosa c'è dentro?

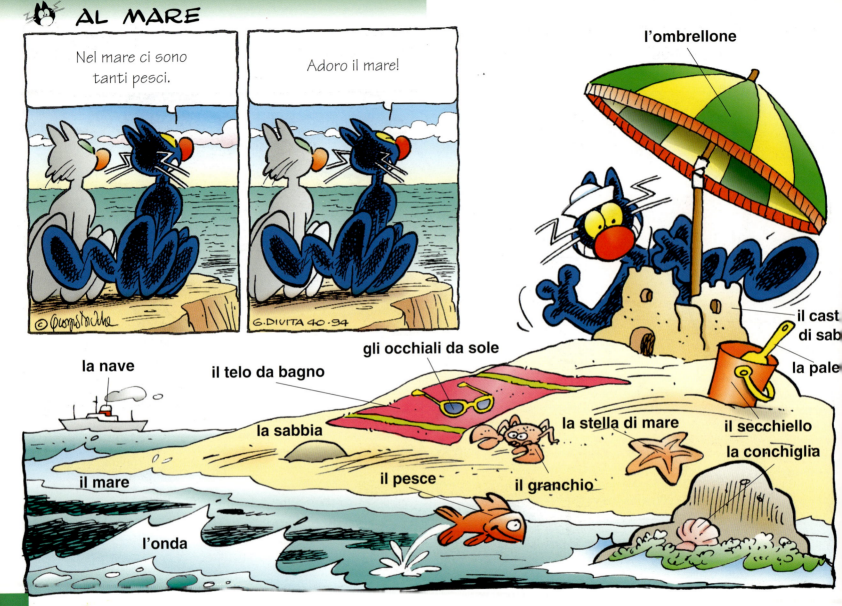

Quanti sono? Scrivi il numero delle cose e degli animali elencati.
Nelle caselle grigie leggi il nome di qualcosa che Albert usa spesso!

IL BIGLIETTO D'INVITO

FAI COSÌ:

Ti aspetto il giorno ....
alle ore .... in via
Il tuo amico ....

Siamo i soliti 4 gatti!

SOLUZIONI

PAGINA 5

Zampa, baffo, lingua, coda, naso: **Panda**.

PAGINA 7

Aiuto!

PAGINA 9

Albert, l'imperatore.

PAGINA 11

Un pesce.

PAGINA 13

Nella cuccia.

PAGINA 15

1. libro, **2.** riga, **3.** quaderno, **4.** foglio, **5.** matita, **6.** compasso, **7.** penna.

PAGINA 17

Il sole scioglie il pupazzo.

PAGINA 19

Trenino, bambola, costruzioni, dama, corda, videogioco.

PAGINA 29

Che bella torta!

PAGINA 31

W la famiglia.

PAGINA 33

Tetto, finestra, porta, scala, cancello.

PAGINA 35

La stanza preferita di Albert è la cucina. Qual è la tua stanza preferita?

PAGINA 37

1. padella, **2.** piatto, **3.** bottiglia, **4.** cucchiaio, **5.** bicchiere, **6.** pentola, **7.** forchetta, **8.** bollitore: **Spaghetti**.

PAGINA 39

Albert ha proprio fame e corre a mangiare un grande pesce. Buon appetito!

PAGINA 41

Uva, anguria, arancia, ciliegie, pera, ananas, fragole, mela: **Pesce**.

PAGINA 43

Attento Albert!

PAGINA 45

Il gallo.

PAGINA 47

Elefante, serpente, giraffa, zebra, leone, dromedario, pinguino, coccodrillo.

PAGINA 49

Non ho niente di buono da mangiare.

PAGINA 51

Venite, è ora di cena!

PAGINA 52

1. GIRAFFA, **2.** ELEFANTE **3.** STRUZZO.

1. cinque, **2.** sette, **3.** dodici, **4.** quattro, **5.** due.

Montagna, banana, pesce, scarpa.

PAGINA 61

Il cane è **dietro** alla staccionata.
Il topo è **dentro** al bidone.
Il bidone è **davanti** alla staccionata.
Albert è **vicino** al bidone.

PAGINA 63

Ehi! È troppo stretto!

PAGINA 65

1. pioggia, **2.** zampa, **3.** baffo, **4.** orecchio, **5.** erba, **6.** pulce, **7.** nuvola, **8.** topo: **Ombrello**.

PAGINA 67

Aiuto! Un topo volante!

PAGINA 69

Pane con formaggio e salame.

PAGINA 71

Due, tre, cinque, quattro, sei: **Denti**.

LISTA DELLE PAROLE

PAGINA 4: ECCO ALBERT!

baffo
coda
denti
lingua
naso
occhio
orecchio
pesce
topo
zampa

PAGINA 6: QUESTO È TOBY!

cibo
ciotola
coda
collare
cuccia
guinzaglio
muso
occhio
osso
pulce
zampa

PAGINA 8: IL NASO

braccio
capelli
collo
dito
gamba
mano
mento
naso
occhio
piede

PAGINA 10: COLORI!

arancione
bianco
blu
giallo
grigio
nero
rosso
verde
viola

PAGINA 12: I NUMERI

uno
due
tre
quattro
cinque
sei
sette
otto
nove
dieci
undici
dodici
tredici
quattordici
quindici
sedici
diciassette
diciotto
diciannove
venti

PAGINA 14: LA SCUOLA

banco
compasso
foglio
gomma

lavagna
libro
matita
penna
quaderno
riga
sedia

PAGINA 16: NEVICA!
albero
cappello
montagna
pupazzo di neve
neve
sciarpa
scopa
uccello

PAGINA 18: È NATALE!
aereo
albero di Natale
automobilina
bambola
corda
costruzioni
dama
puzzle

regalo
soldatino
trenino
videogioco

PAGINA 28: IL COMPLEANNO
aranciata
biscotti
budino
candelina
caramelle
crostata
pasticcini
torta
tovaglioli

PAGINA 30: LA FAMIGLIA
figlia
figlio
fratello
madre
mamma
nonna
nonno
padre
papà
sorella

PAGINA 32: LA CASA
cancello
finestra
giardino
porta
scala
tetto

PAGINA 34: AGENZIA IMMOBILIARE
bagno
camera da letto
cucina
garage
ingresso
soggiorno

PAGINA 36: IN CUCINA
bicchiere
bollitore
bottiglia
coltello
cucchiaio
forchetta
forno
padella
pentola

piatto
tavolo
tazza

PAGINA 38: IL CIBO

acqua
carne
gelato
insalata
minestra
pane
patatine
pepe
pesce
pollo
sale

PAGINA 40: LA FRUTTA

ananas
anguria
arancia
banana
ciliegie
fragole
mela
pera
uva

PAGINA 42: IN CITTÀ

autobus
automobile
bicicletta
cestino
marciapiede
motocicletta
semaforo
strada
strisce pedonali

PAGINA 44: LA FATTORIA

cavallo
gallina
gallo
mucca
oca
pecora
pulcino
uovo

PAGINA 46: GLI ANIMALI

coccodrillo
dromedario
elefante
foca
giraffa

leone
pappagallo
pinguino
ragno
serpente
struzzo
zebra

PAGINA 48: LE AZIONI

dormire
guardare
leggere
mangiare
saltare

PAGINA 50: CHE ORA È?

sono le undici e un quarto
sono le undici e mezzo
sono le undici e tre quarti
è mezzogiorno

PAGINA 60: DOVE SONO?

davanti
dentro
dietro
fuori
lontano

sopra
sotto
vicino

PAGINA 62: AL MERCATO
calzini
camicia
cappello
cravatta
giacca
gonna
maglione
pantaloni
scarpe
stivali
vestito

PAGINA 64: LA PIOGGIA
fulmine
impermeabile
nuvola
ombrello
pioggia
stivali
tuono

PAGINA 66: LA NOTTE
faro
gufo
lampione
luce
luna
pipistrello
stella
stella cadente

PAGINA 68: IL PICNIC
bicchiere
carota
cestino
tovaglia
formaggio
formica
pane
piatto
posate
salame
thermos

PAGINA 70: AL MARE
castello di sabbia
conchiglia
granchio

mare
nave
occhiali da sole
ombrellone
onda
paletta
pesce
sabbia
secchiello
stella di mare
telo da bagno